인도의 빛
마하트마 간디

Scénario: Benoit Marchon
Dessins: De Léo
Couleur: De Nicole Pommaux
Lettrage: De François Batet
GANDHI
le Pèlerin de la Paix

Copyright © 1989 by Bayard Éditions / Centurion, Paris
All rights reserved

Translated by Hyeonju Kim
Korean translation copyright © 2002 by Benedict Press, Waegwan, Korea
Published by arrangement with Bayard Éditions Jeunesse SA, Paris

인도의 빛
마하트마 간디
2002 초판
옮긴이 · 김현주 | 펴낸이 · 이형우
ⓒ 분도출판사
등록 · 1962년 5월 7일 라15호
718-806 경북 칠곡군 왜관읍 왜관리 134의 1
왜관 본사 · 전화 054-970-2400 · 팩스 054-971-0179
서울 지사 · 전화 02-2266-3605 · 팩스 02-2271-3605
www.bundobook.co.kr
ISBN 89-419-0228-2 07200
ISBN 89-419-0253-3 (세트)
값 7,000원

이 책의 한국어판 저작권은
Bayard Éditions Jeunesse SA와의 독점 계약으로 분도출판사에 있습니다.
저작권법에 의해 한국 내에서 보호를 받는 저작물이므로 무단 전재와 무단 복제를 금합니다.

평화의 사람들 ❸

인도의 빛
마하트마 간디

글 · 브누와 마르숑
그림 · 레오, 니콜르 포모
김현주 옮김

분도출판사

우리 모두 신의 사자가 될 수 있다고 생각합니다만
저 자신은 신으로부터 어떤 특별한 계시도 받지 않았습니다.
신께서 모든 인간들에게 모습을 드러내 보이신다는 것이 저의 믿음이지만
우리는 마음속에서 들려오는 작은 소리에도 귀를 막습니다.
…
저는 다만 보잘것없는 '심부름꾼',
인도와 전 인류의 보잘것없는 '심부름꾼'에 지나지 않는다고 생각합니다.

마하트마 간디

[1] 인도의 주지사. [2] 당시 인도에서는 아기가 태어나면 부모가 자식의 혼처를 정해 두곤 했다. [3] 1819년부터 인도는 영국의 식민지.

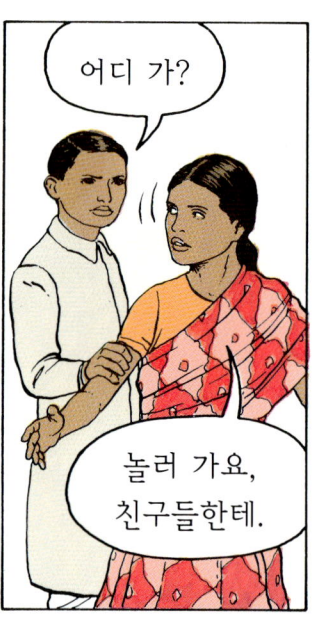

[1] 독실한 힌두교인들은 채식주의자다.

[1] 당시 남아프리카는 인도처럼 영국의 식민지였다.

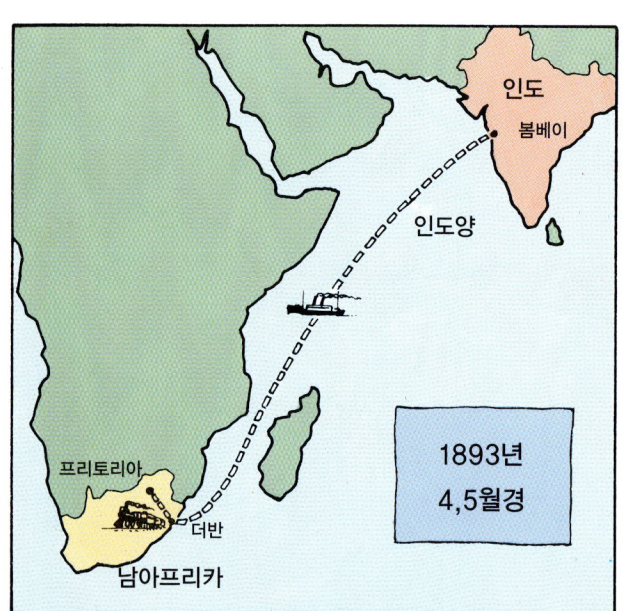

[1] 인도 타임즈
남아프리카의 영국인들에게 고함! — M. 간디

[1] 검역을 위한 최장 격리 기간은 40일.

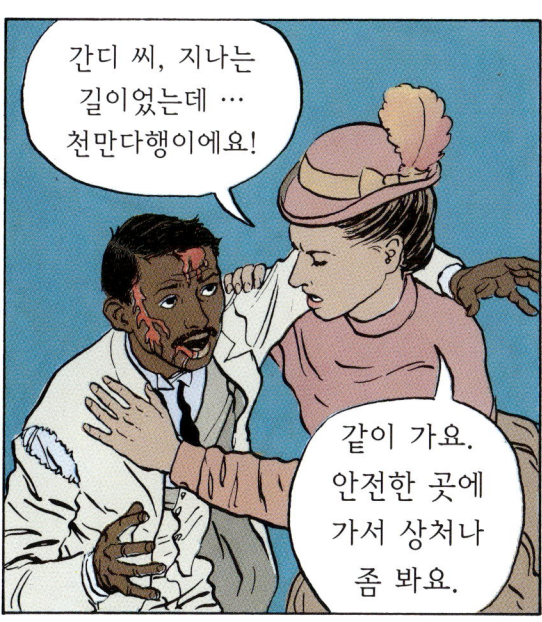

간디는 변호사 일을 다시 시작했다. 인도 국민의회에서의 투쟁은 그 후로도 몇 년 동안 계속되었다. 그 와중에서도 또 두 아들이 태어났다 — 1897년에 람다스, 1900년에 데바다스.

1 수도하는 곳, 도장.
2 (인도에 거주하는) '인도인'과 (힌두교를 믿는) '힌두교인'을 구별할 것.

[1] 인도는 촌락이 70만 개나 된다. 간디 시대에는 인구가 4억이었는데 그 중 3억은 힌두교도, 1억은 무슬림이었다.

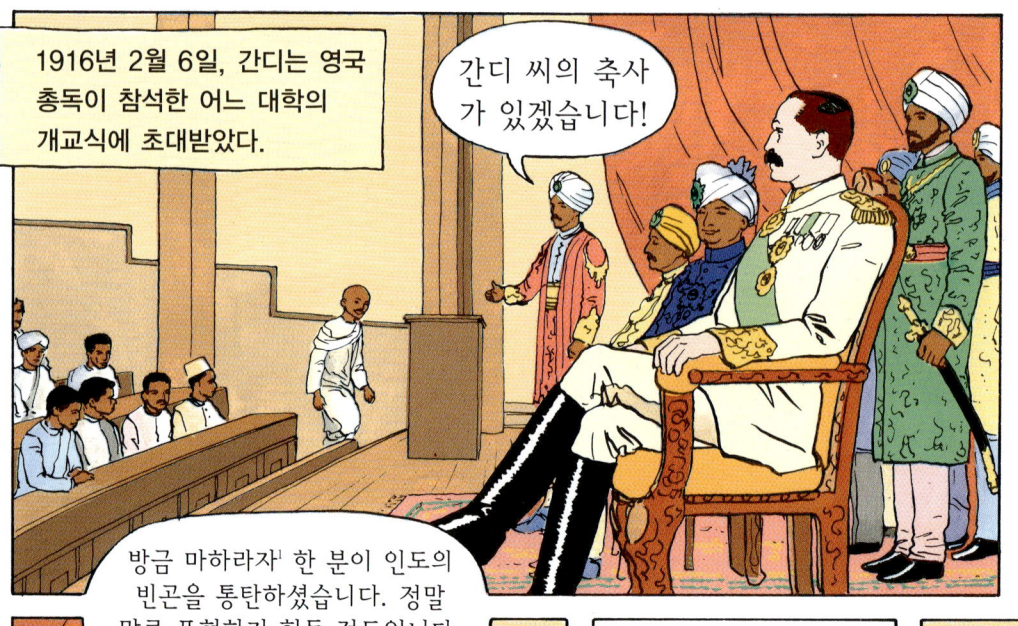

1 제1차 세계 대전(1914~1918).   2 총파업.

[1] 한 장의 천으로 된 통 넓은 인도식 바지.

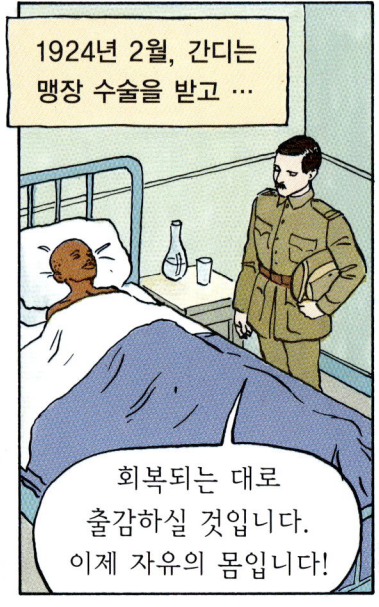

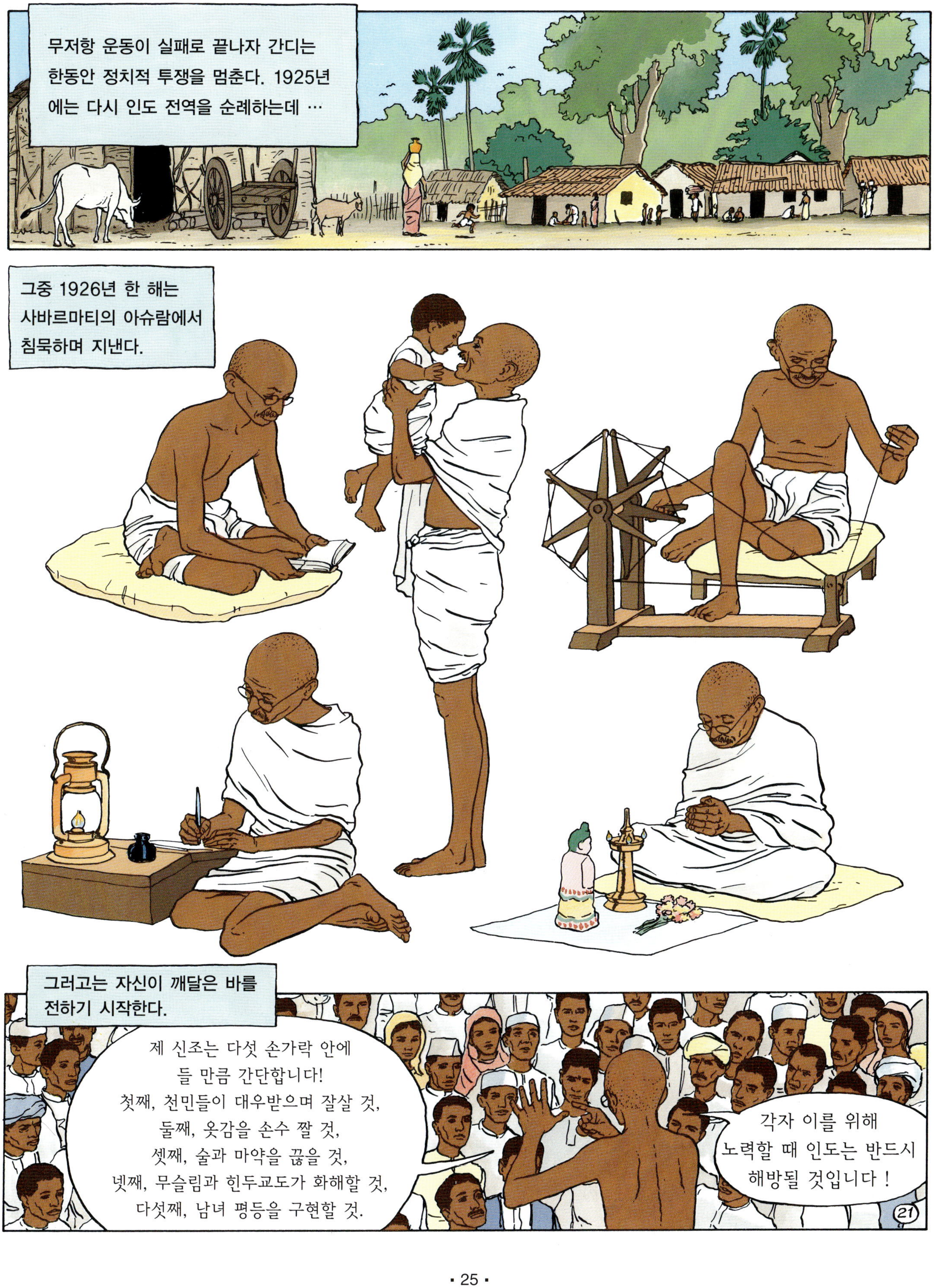

무저항 운동이 실패로 끝나자 간디는 한동안 정치적 투쟁을 멈춘다. 1925년에는 다시 인도 전역을 순례하는데…

그중 1926년 한 해는 사바르마티의 아슈람에서 침묵하며 지낸다.

그러고는 자신이 깨달은 바를 전하기 시작한다.

"제 신조는 다섯 손가락 안에 들 만큼 간단합니다!
첫째, 천민들이 대우받으며 잘살 것,
둘째, 옷감을 손수 짤 것,
셋째, 술과 마약을 끊을 것,
넷째, 무슬림과 힌두교도가 화해할 것,
다섯째, 남녀 평등을 구현할 것.

각자 이를 위해 노력할 때 인도는 반드시 해방될 것입니다!"

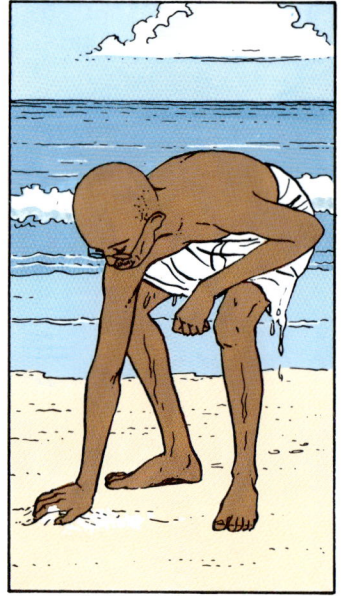

1 '간디'의 존칭.

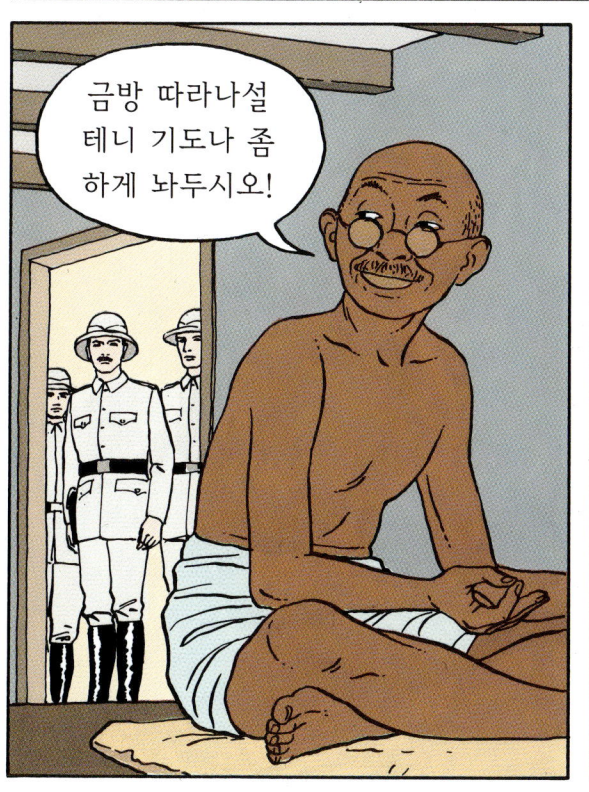

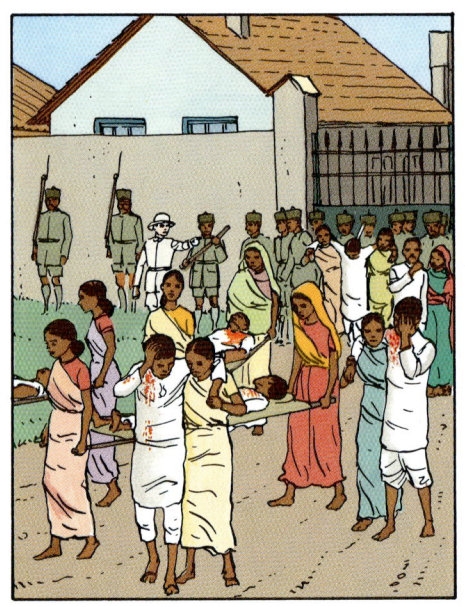

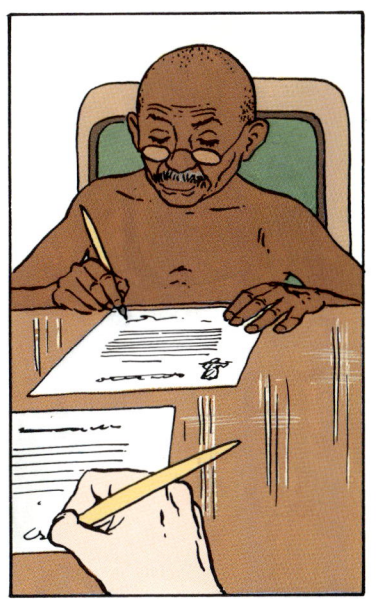

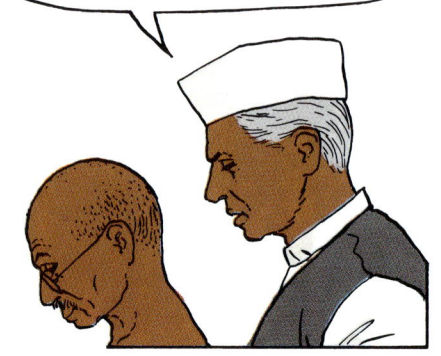

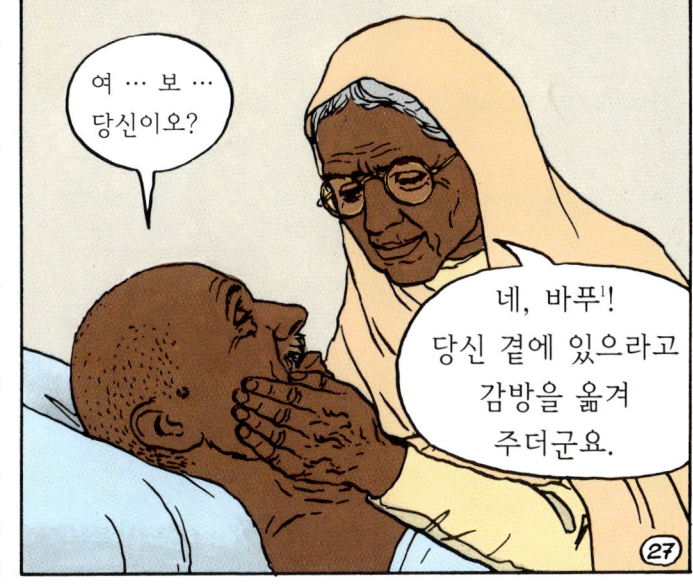

[1] 남편을 아주 다정하게 부르는 말. '애기 아빠' 정도로 옮길 수 있다.

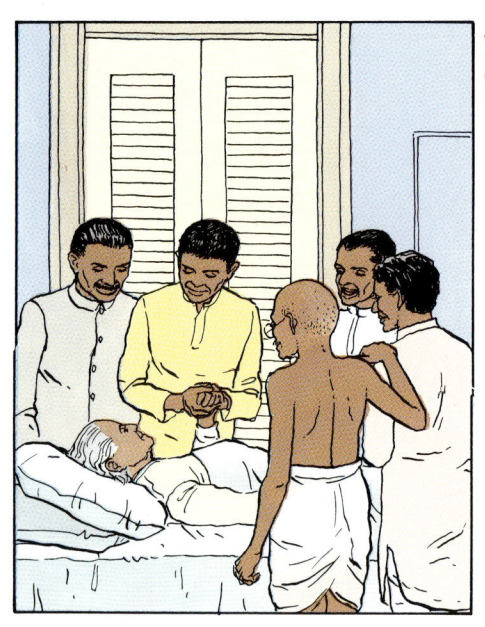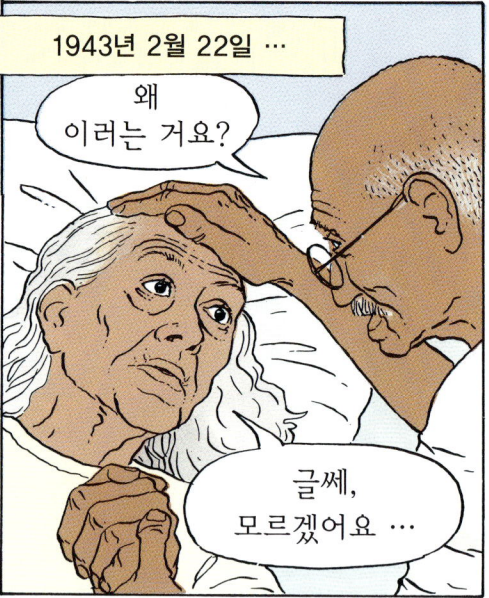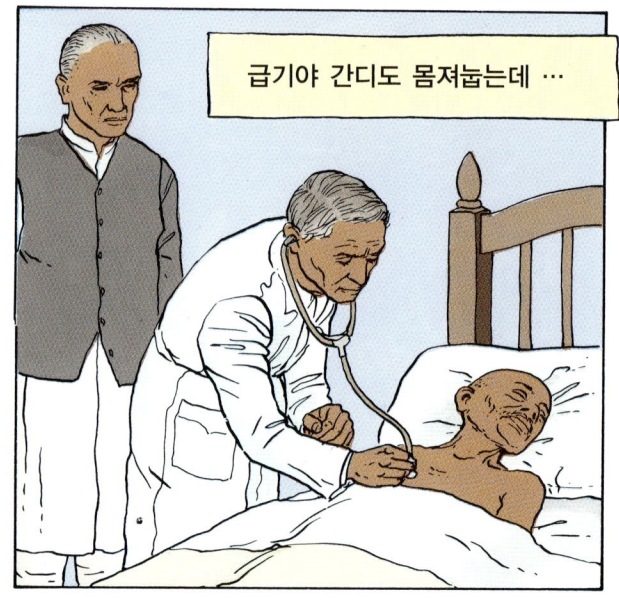

이것이 간디의 마지막 옥살이였다. 간디는 평생 동안 249일을 남아프리카 감옥에서, 2,089일을 인도 감옥에서 보냈다!

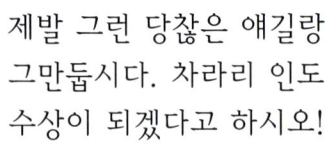

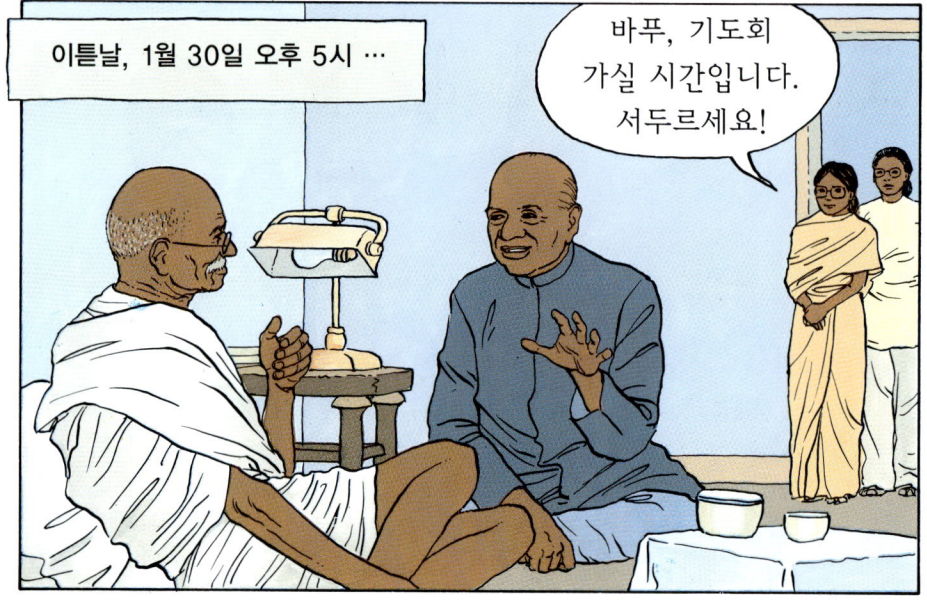

하느님의 사람들

이들은 세상의 빛이었다.
이들이 있었기에 세상은 보다 온전한 모습일 수 있었다.
사람의 역사 가운데 가장 숭고했던 인격의 면면들이
아름답고 격조 높은 그림에 실려 우리 곁에 다가온다.

전5권 | 김현주 옮김
각권 A4판 양장 | 7,000원(세트 35,000원)

❶ 예수
글 · 브누와 마르숑 | 그림 · 장 프랑수아 키페 | 48쪽
예수의 삶과 죽음, 말씀과 부활의 의미를 정겨운 그림과 함께 …

❷ 예수의 어머니 마리아
글 · 브누와 마르숑 | 그림 · 장 프랑수아 키페 | 40쪽
예수의 어머니이자 우리의 어머니, 마리아의 따스한 품에 안기는 느낌 …

❸ 불굴의 여행자 사도 바울로
글 · 브누와 마르숑 | 그림 · 도미니크 코르도니에, 베로니크 그로베 | 40쪽
불 같은 용기와 강철 같은 신념, 사도 바울로의 파란만장한 선교 여행기.

❹ 예수의 작은 형제 샤를르 드 푸코
글 · 브누와 마르숑 | 그림 · 레오 베케르, 베아트리스 베케르 | 48쪽
사막에 핀 믿음의 꽃, 만화로 만나는 샤를르 드 푸코의 일대기.

❺ 사부 성 베네딕도
글 · 마리 크리스틴느 레이 | 그림 · 니콜라 빈츠 | 48쪽
수도 생활의 등대, 한 권의 만화에 담긴 베네딕도 수도 규칙의 참정신.

강생의 마리아 귀야르
글 · 브누와 마르숑 | 그림 · 루이 알루앵, 크리스틴느 쿠튀리에
'캐나다 교회의 어머니' 마리아 귀야르의 인간적 고뇌와 신앙.

하느님의 기사 이냐시오 데 로욜라
글 · 엠마뉘엘르 달약 | 그림 · 장 클로드 브누와, 크리스틴느 쿠튀리에
한때 백마 탄 기사가 되고 싶었던 이냐시오 데 로욜라, 그가 '하느님의 기사'로 변모한 까닭은?

평화의 사람들

여기 평화를 위해 살다 간 사람들이 있다.
아픔 없이 사는 세상, 행복하고 사람답게 사는 세상을 위하여
때로 그들은 싸워야 했고, 고통 속에 죽어 가야 했다.
불꽃 같은 열정으로 평화를 갈구했던 성인들, 그들의 삶과 정신을 만화로 만난다.

전5권 | 김현주 옮김
각권 A4판 양장 | 7,000원(세트 35,000원)

❶ 오를레앙의 성녀 **잔 다르크**
글·장 루이 퐁트노 | 그림·에티엔느 정 | 40쪽
프랑스와 영국 간의 백 년 전쟁! 잔 다르크는 과연 조국에 희망과 자유를 안겨 줄 것인가?

인디언 인권의 수호자 **바르톨로메 데 라스카사스**
글·필립 레미 | 그림·가에탕 에브라르, 크리스틴느 쿠튀리예
부와 명예를 꿈꾸며 아메리카 대륙을 밟은 청년 바르톨로메,
그러나 그의 눈에 들어온 인디언들의 참상은 …

❷ 평화의 잔 꽃송이 **아시시의 성 프란치스코**
글·브누와 마르송 | 그림·마르탱 마츠, 크리스틴느 쿠튀리예 | 40쪽
가난한 이들 가운데 가장 가난한 이가 던지는 사랑과 평화의 메시지.

❸ 인도의 빛 **마하트마 간디**
글·브누와 마르송 | 그림·레오, 니콜르 포모 | 48쪽
비폭력·무저항의 숭고한 뜻이 이 한 권의 만화에!
1989년 프랑스 앙굴렘 만화 전시회 '기독교 시각'상, 종교 서적 청소년 특별상 수상.

❹ 흑인 인권 운동의 기수 **마틴 루터 킹**
글·브누와 마르송 | 그림·클로드 미예, 드니즈 미예 | 40쪽
흑인 인권 운동가 킹 목사가 가난하고 억눌린 자의 편에서 벌이는 외롭고 의로운 투쟁의 기록.

❺ 캘커타의 성녀 **마더 데레사**
글·브누와 마르송 | 그림·노엘르 헤렌슈미트 | 48쪽
『아스트라피』지 기자들의 눈에 비친 마더 데레사와 수녀들의 아름다운 일상.
1986년 최우수 그리스도교 만화에 주는 '무당벌레'상 수상.